PROJET D'ÉTABLISSEMENT

D'UNE

ÉCOLE PRATIQUE D'AGRICULTURE

DANS LE DOMAINE DÉPARTEMENTAL

DU PRIEURÉ DE SAINT-GEORGES-DES-SEPT-VOIES

CANTON DE GENNES

Arrondissement de Saumur (Maine-et-Loire).

ANGERS

IMPRIMERIE-LIBRAIRIE DE E. BARASSÉ
Rue Saint-Laud, 83.

GERMAIN & G. GRASSIN, SUCCESSEURS

—

1877

PROJET
DE FERME ECOLE AU
PRIEURÉ DE St. GEORGES-DES-SEPT-VOIES.

Bois

Est
Sud
Nord
Ouest

LÉGENDE
1 Maison du Directeur.
2 Ferme Ecole.
3 Tonnellerie, Caverie, Pressoirs et Celliers.
4 Grange: Manège à battre.
5 Etable: Taureaux, Vacherie.
6 Ecurie, Bouverie.
7 Laiterie, Ateliers.
8 Lieux d'aisance.
9 Abreuvoir.
10 Puits.
11 Hangard.
12 Porcheries.
13 Poulailler.
14 Silos
15 Fosse à purin, fumiers.
16 Verger
17 Cour de l'école
18 Jardin du Directeur.
19 Cour de la ferme
20 Entrée de la ferme
21 Potager & Jardin fruitier.
22 Portier
23 Entrée de l'Ecole
24 Meules

Doué
Chemin de la Blotière
Chemin de Nidvelle
Route d'Angers
au   Prieuré
Pièce des Devants.
Bois de la Gennetière
Emplacement du Potager et du Jardin Fruitier.

Echelle de 0,001 pour un mètre.

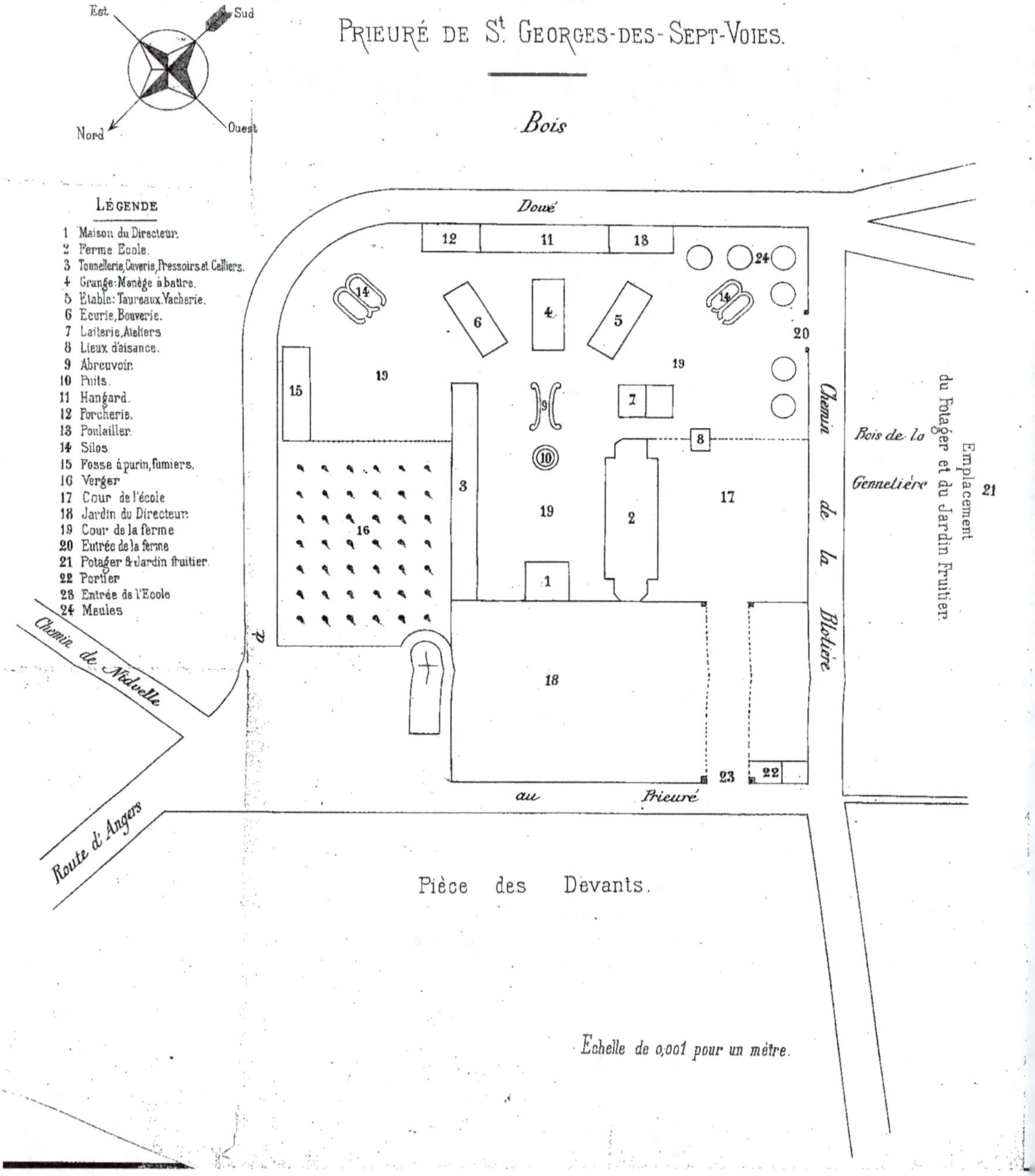

Angers, le 28 novembre 1877.

*Monsieur Bouchard, secrétaire de la Société Industrielle et Agricole
de Maine-et-Loire.*

J'ai lu, avec un vif intérêt et la plus sérieuse attention, le rapport que
vous avez bien voulu me communiquer, avant de l'adresser à M. le Préfet
de Maine-et-Loire, sur les conditions d'installation et de direction de
l'École pratique d'agriculture à créer dans le domaine du Prieuré légué
par Mme la comtesse de Caen au département.

Ce rapport, aussi complet que possible, me paraît de nature à faire
ressortir, aux yeux de MM. les Membres du Conseil général, l'influence
qu'une pareille création peut avoir sur le développement de l'agriculture
dans notre riche département.

Je ne doute pas, en conséquence, qu'il obtienne l'approbation de cette
haute assemblée, dont la sollicitude éclairée pour les intérêts agricoles
pourra, grâce à la générosité de Mme la comtesse de Caen et aux ingé-
nieuses combinaisons financières que vous proposez, se manifester sans
qu'il en résulte aucune charge pour le budget départemental.

Je tiens à constater d'ailleurs que vous avez fidèlement tenu compte,
dans cet excellent rapport, des observations qu'avait suggérées, tant à la
Commission spéciale désignée par M. le Préfet qu'à la Société industrielle
et agricole de Maine-et-Loire, l'étude de cette importante question.

Agréez, Monsieur, l'assurance de ma considération la plus distinguée.

Le Président de la Société industrielle et agricole,

A. BLAVIER.

Monsieur le Président de la Société Industrielle et Agricole
de Maine-et-Loire.

J'ai lu, avec un vif intérêt et la plus sérieuse attention, le rapport que
vous avez bien voulu me communiquer, avant de l'adresser à M. le Préfet
de Maine-et-Loire, sur les conditions d'installation et de direction de
l'École pratique d'agriculture qui va être élevée dans le domaine du Priouté-légué
au pays-Sère, [illegible] de choses au département.

Ce rapport, ainsi conçu[?] qu'une possible [illegible] de nature à faire
ressortir, aux yeux de MM. les Membres du Conseil général, l'influence
qu'une pareille institution doit avoir sur le développement de l'agriculture
dans votre riche département.

Je ne doute pas, en conséquence, qu'il obtienne l'approbation de cette
haute assemblée, dont la sollicitude éclairée pour les intérêts agricoles
[illegible], grâce à la générosité de Mme la comtesse de Caen et aux ingé-
nieux combinaisons financières que vous proposez, se multiplier sans
qu'il ait requis aucune charge pour le budget départemental.

Je tiens à constater d'ailleurs que vous avez fidèlement tenu compte,
dans cet excellent rapport, des observations qu'avait suggérées, tant à la
commission spéciale désignée par M. le Préfet que à la Société industrielle
et agricole de Maine-et-Loire, l'étude de cette importante question.

Agréez, Monsieur, l'assurance de ma considération la plus distinguée.

Le Président de la Société Industrielle et agricole,
A. BRIVAIER.

Angers, 10 septembre 1877.

MONSIEUR LE PRÉFET,

Vous avez bien voulu me confier le soin d'étudier le projet d'installer au domaine du Prieuré de Saint-Georges-des-Sept-Voies une École départementale d'Agriculture. J'ai l'honneur, Monsieur le Préfet, de vous adresser aujourd'hui ce travail et de le soumettre à votre approbation.

Du rapport que je vous ai adressé le 2 avril dernier, sur la visite que la commission nommée par vous, avait faite sous votre présidence au Prieuré, il résulte que la nature des terrains du domaine départemental permet d'y établir une École d'enseignement agricole

J'examinerai donc seulement aujourdhui dans ce travail, quel sera le caractère essentiel de cette entreprise nécessaire, indispensable même au progrès de l'agriculture et particulièrement à celui de la viticulture dans le département de Maine-et-Loire.

I. — But et caractère de l'École Pratique d'Agriculture du département de Maine-et-Loire.

J'adopte le titre d'École Pratique pour que le but soit tout de suite parfaitement déterminé et qu'à ce sujet il ne puisse exister aucun doute dans les esprits.

L'École Pratique aurait donc la mission de former de bons chefs de culture, des fermiers instruits, des vignerons, en un mot des agents éclairés, propres à hâter le progrès de l'agriculture locale ; pour tout dire la fondation départementale serait une école du premier degré de l'enseignement professionnel agricole.

La culture appropriée aux circonstances locales, l'instruction essentiellement pratique, basée sur l'exécution raisonnée des travaux de la ferme, tels seraient ses principaux caractères.

II. — Enseignement.

Le personnel enseignant serait composé :

1° D'un Directeur qui surveillerait toutes les parties de l'enseignement et de l'administration de l'École. Il expliquerait, sous forme de conférences aux élèves, la partie théorique de la science agricole, les éléments de Botanique et de Chimie se rapportant à l'agriculture ; la vinification.

2° D'un Professeur d'Agriculture proprement dite, qui aux jours et heures indiqués par le Règlement ferait des cours réguliers aux élèves et traiterait dans leur ensemble toutes les notions élémentaires de l'Agriculture : l'étude des terres, des engrais, des instruments agricoles, l'économie de l'administration du domaine. (Loi des Fermes-Écoles.)

3° D'un Chef de Pratique qui dirigerait les élèves dans la conduite des cultures, des instruments, du soin des étables ; enseignerait en même temps les caractères distinctifs des différentes races d'animaux de boucherie et démontrerait également les premiers soins à donner aux animaux malades.

4° D'un Chef Jardinier qui aurait le devoir d'initier les élèves à l'étude de la culture potagère, de la direction des arbres fruitiers et s'occuperait plus particulièrement de la taille de la vigne.

L'installation et la direction du vignoble resteraient spécialement aux mains du Directeur, cette partie de l'Enseignement professionnel devant tenir une large place dans la fondation de Mme la comtesse de Caen.

5° D'un Surveillant-Comptable, Instituteur de l'École Normale d'Angers qui recevrait la mission d'enseigner la comptabilité agricole, l'arpentage, le levé des plans, le nivellement des terrains ; il exercerait en outre les élèves à la pratique de la grammaire française, de l'arithmétique et de la géométrie.

6° M. le curé de Saint-Georges-des-Sept-Voies recevrait, avec l'autorisation de l'administration diocésaine, le titre d'*aumônier* de l'École Pratique d'agriculture.

Je crois qu'un programme d'enseignement ainsi constitué devra nécessairement avoir une influence considérable sur le perfectionnement des méthodes appliquées à l'exploitation du sol. Il faut donc souhaiter, que les fils de cultivateurs, une fois munis d'une bonne instruction primaire aient le désir d'acquérir les connaissances indispensables à la pratique intelligente et raisonnée de la profession qu'ils exerceront un jour.

III. — Conditions de traitement du personnel enseignant.

Dans la note ministérielle sur l'*Organisation des Fermes-Écoles* et dans la circulaire du 22 mars 1869, le traitement du personnel enseignant est fixé ainsi qu'il suit :

	3e classe.	2e classe.	1re classe.
1° Professeur d'agriculture.			2.400
2° Surveillant comptable	1.000	1.200	1.500
3° Jardinier-pépiniériste.	1.000	1.200	1.500
4° Chef de pratique	1.000	1.100	1.200
5° Vétérinaire	500	600	800
6° Maître valet.			600
7° Tonnelier			600
8° Chef charretier			600
9° Instructeur militaire			250

La loi du 30 juillet 1875 sur l'Enseignement pratique de l'agriculture donne, article 11, le bénéfice du volontariat d'un an aux jeunes gens qui reçoivent le *Brevet de capacité*, à leur sortie d'une école pratique ; le Ministre exige, pour cette raison, la présence dans les fermes-écoles d'un instructeur militaire, et lui alloue une somme de 250 francs. Autant que possible, on cherche pour remplir ces fonctions un ancien militaire qui peut, en même temps, remplir celles de *chef charretier* ; alors l'allocation ministérielle rentre dans son traitement de 600 francs.

Le personnel enseignant : Comptable, Vétérinaire, Jardinier, Chef de pratiqué, passe de la classe inférieure à la classe supérieure au bout de quatre ans.

Je vous ferai remarquer, monsieur le Préfet, que les émoluments fixés par la circulaire de 1869 sont actuellement insuffisants, et qu'il serait bon que les appointements qui sont de 1.000 francs, les quatre premières années, soient portés à 1.200 francs.

Je ferai encore observer que la loi de 1875 oblige également le directeur de la ferme-école à nourrir, loger, blanchir, etc., tout le personnel enseignant.

Je laisse pour mémoire le traitement qui sera attribué à M. le Curé de Saint-Georges, faisant fonction d'aumônier de l'École Pratique du Prieuré, de même que les honoraires que le docteur-médecin, chargé de veiller sur la santé des élèves, souhaitera recevoir.

Quant au traitement que recevra le directeur, j'estime qu'il ne pourra être inférieur à 6.000 francs par an, avec droit aux bénéfices que donnera l'exploitation agricole ; car, si à la tête de cet important établissement départemental, on n'a pas un homme directement intéressé à sa prospérité, il est à craindre que, se reposant sur la régularité du service de ses appointements, il se départe d'une active surveillance. J'insiste donc pour que les bénéfices soient abandonnés entièrement au directeur ; j'irai même plus loin, je voudrais que celui-ci eût le droit d'intéresser le personnel enseignant de son établissement aux bénéfices de l'exploitation.

IV. — Exploitation.

Le domaine du Prieuré, d'une étendue de quatre-vingt-trois hectares, offre par la nature de ses terres le moyen d'y établir un exemple complet des productions du pays.

La culture de la vigne, qui est déjà installée, sera l'objet d'études spéciales sur le meilleur mode de plantation, de labour, de taille et de vinification.

Un aménagement de production fruitière, au point de vue de la vente sur le marché, sera établi, c'est-à-dire que les poires et pommes de conserve les plus recherchées sur les marchés français, tant pour la consommation intérieure que pour l'exportation, seront préférablement cultivées aux espèces dites de collection.

Cette innovation dans l'enseignement des écoles d'agriculture ne tardera pas à prouver aux agriculteurs de l'Anjou que dans la production fruitière ils ont une large et inépuisable source de bénéfices négligés jusqu'à ce jour.

Les élèves, en même temps qu'ils seront familiarisés avec les procédés de la culture améliorante, l'emploi judicieux des engrais naturels et chimiques, l'exploitation rationnelle des animaux, auront sous les yeux dans des étables spécialement aménagées, des spécimens de choix, empruntés à la race Vendéenne, à la race Durham et à son croisement avec la race Mancelle. Ils seront en même temps initiés au meilleur mode d'élevage et d'engraissement des races bovine, ovine et porcine.

Étant donné le mouvement ascensionnel de la consommation de la viande en France, il est de première nécessité de diriger les jeunes gens vers les meilleurs moyens de produire la viande en grande quantité, et en bonne qualité. Négliger cet enseignement serait à mon avis non-seulement manquer à son devoir mais encore à son pays.

V. — Division de l'Exploitation agricole.

1° VIGNOBLE.

Je proposerai de diviser l'exploitation agricole de la manière suivante :

Vingt hectares de terre seront plantés en vignes, principalement en Gamays du Beaujolais, parce que la nature du terrain convient parfaitement à ces différentes variétés.

En outre, ces cépages qui produisent les vins si réputés de la Basse-Bourgogne et du Beaujolais, ont l'avantage de mûrir *en première époque,* c'est-à-dire dans la seconde quinzaine de septembre.

Ils présentent cette immense supériorité sur les cépages Bordelais qui, dans notre contrée, ont le grand inconvénient de ne pas arriver dans les années froides et pluvieuses à une entière maturité. Souvent la vendange de ces espèces ne peut être faite qu'après notre pineau blanc qui, lui-même, a le seul défaut d'être trop tardif.

Mais, comme à mon point de vue, dans une école d'agriculture il faut que les élèves soient à même de pouvoir comparer les différents cépages qui constituent le vignoble français, le Carbenet franc (Breton, plant de Bourgueil), le Carbenet Sauvignon et le Malbek, ou Cot à queue verte, complantés sur une surface de deux hectares, donneront aux jeunes gens une idée très-juste de la valeur des produits de ces célèbres cépages.

La culture des vignes blanches devra également figurer dans l'installation du vignoble, mais avec beaucoup de réserves, parce que, si dans les terrains du Prieuré on peut affirmer la réussite du vignoble rouge, il n'en est pas de même pour le vignoble blanc; les produits que l'on obtiendra et encore à la condition de n'avoir que les cépages de première époque de maturité, ne seront, tout le fait supposer, que de troisième qualité. Mais il est important que les cépages blancs fassent partie du vignoble du Prieuré pour apprendre aux jeunes élèves, à en bien diriger la taille et la culture.

Une innovation à introduire dès le début de l'exploitation du Prieuré, et qui, à mon avis, est appelée à jouer un rôle important dans notre pays, est la culture du *chasselas de Fontainebleau*, non comme vigne à vin, mais comme produit de table.

Cette culture qui n'existe sur aucun point du département de Maine-et-Loire, donne de très-grands bénéfices aux fermiers qui l'ont entreprise, et cela dans des contrées beaucoup plus éloignées que nous ne le sommes de Paris vers lequel ils dirigent cependant leur raisin et le vendent à des prix qui varient entre 30 et 50 centimes le kilogramme.

Enfin, à côté du vignoble on installera une collection de cépages français, mais je n'entends pas dire que dans cette collection devront figurer les 1500 variétés de vignes qui sont nées ou cultivées sur notre sol, ce serait employer inutilement un certain espace de terrain. A quoi servirait du reste de faire figurer dans une collection des variétés qui ne mûrissent que dans le haut Midi, et qui, chez nous, n'arrivent à maturité qu'en espalier, et d'autres même qui sous notre latitude ne peuvent colorer leurs grains qu'abrités par un châssis.

Pour qu'une collection soit utile et profitable à qui veut étudier, il faut quelle ne soit composée que de cépages dont le développement végétatif et la maturité peuvent être complets; ainsi donc cette plantation devra être faite avec soin et surtout beaucoup de circonspection.

Dans la culture de la vigne il est de première importance de ne pas perdre de vue un fait essentiel en agriculture. Je veux parler du *point géographique* de chaque espèce de plante. Les Gamays sont originaires du Beaujolais, comme les Carbenets le sont du Médoc; il faut donc planter ces cépages dans des terrains analogues à ceux de leur lieu d'origine, les *cultiver*, les *tailler*, les *vendanger* comme on le fait dans leur pays. Pourquoi par exemple dans le Beaujolais n'égrappe-t-on pas ? Pourquoi ne laisse-t-on cuver les moûts que quatre jours ? tandis que dans le Médoc on égrappe et laisse cuver plus longtemps.

Les méthodes usuelles d'un pays ont leur raison d'être qu'il appartiendra à l'enseignement théorique d'expliquer.

Si les propriétaires qui plantent un vignoble se renseignaient toujours sur le moyen de cultiver les cépages qu'ils choisissent, ils n'auraient pas ces nombreux mécomptes qui découragent et s'opposent par cela même à l'extension d'une culture. A l'École du Prieuré on devra donc surtout s'appesantir dans les conférences faites aux jeunes gens sur l'importance du choix du terrain et du cépage; démontrer qu'en cela la théorie est parfaitement d'accord avec la pratique.

2° CULTURE.

Trente hectares de terre seront annuellement consacrés aux différentes cultures qui pourront donner le moyen d'entretenir dans les étables du Prieuré le plus grand nombre d'animaux.

La nature des terres du Prieuré est convenable pour l'aménagement de *l'assolement quatriennal* dont les *soles* se répartissent de la manière suivante :

1re SOLE 7 hectares 1/2	2e SOLE 7 hectares 1/2	3e SOLE 7 hectares 1/2	4e SOLE 7 hectares 1/2
Betteraves. Pomme de terre. binés Carottes. et fumés. Choux, navets, etc.	Avoine.	Trèfle. Luzerne. Vesce, etc.	Froment.

Mais, ainsi que je l'établirai plus loin, les terres exploitées par les fermiers du Prieuré et de Gaudray sont fatiguées par les cultures épuisantes, dont ils ont abusé au courant de leur bail.

Il vaudrait peut-être mieux, à cause de cela, adopter la *rotation triennale* et la combiner de la manière suivante :

Première année.	Betteraves ou autres racines.	10 hectares.
Deuxième année.	Céréales : Froment ou Avoine.	10 hectares.
Troisième année.	Prairies artificielles.	10 hectares.

De cette manière, chaque année les deux tiers de l'étendue arable sont occupés par les plantes destinées à l'alimentation des animaux de travail et de rente, et un tiers seulement est consacré à la culture des céréales d'hiver et de printemps. Cet assolement est alterne et par conséquent peu épuisant, toutes les récoltes sont bien placées, suffisamment éloignées, sans qu'aucune soit sacrifiée.

De plus, le séjour des élèves dans les fermes-écoles étant de trois années, en adoptant l'*assolement triennal* au Prieuré, les jeunes gens auront l'avantage d'assister à l'évolution complète de la rotation.

Je ne propose pas dans ce programme de se lancer dans la théorie nouvelle des cultures, parce que je considère que la première condition de réussite au Prieuré sera de ne pas rompre non-seulement avec les habitudes de culture de la contrée, mais encore avec celles du département.

Il ne faut pas croire, que de tous les points du département, les cultivateurs viendront tout d'abord conduire avec empressement leurs fils au Prieuré ; ils auront un œil attentif pendant les premières années sur ce qui se fera dans les terres du Domaine départemental et selon que les cultures bien dirigées donneront des bénéfices, ils se décideront à éloigner leurs enfants de la ferme où ils sont nés et à se priver de leur concours.

La perfection que le cultivateur doit chercher est d'arriver à nourrir sur sa ferme le plus grand nombre d'animaux possible. On sait qu'en moyenne le produit d'un hectare de terre est nécessaire à la nourriture d'une tête de gros bétail. On doit donc chercher à dépasser ce but. Mais s'il faut que l'amélioration soit progressive, il faut surtout qu'elle soit prudente.

C'est pourquoi j'estime que le directeur de l'École Pratique du Prieuré devra être du pays, connaissant parfaitement les habitudes des cultivateurs et d'un caractère à ne pas craindre d'aller au-devant des paysans.

Au besoin le directeur du Prieuré pourrait aller périodiquement dans les différents centres agricoles du département, faire des conférences sur les cultures locales. (Loi sur l'exercice des professeurs d'agriculture départementale.)

A une époque déjà bien éloignée de nous, MM. Lofficial et Giraud, avaient entrepris de fonder une ferme-école dans la commune de Sermaise (canton de Seiches) L'entreprise n'a pas réussi parce que l'administrateur était étranger à l'Anjou et qu'arrivé dans un pays dont il ignorait les coutumes, il n'a tenu aucun compte de l'économie agricole qui régissait notre contrée. En effet, au lieu de s'engager prudemment dans la culture des betteraves à sucre que l'on voulait introduire en Anjou, on a couvert des surfaces immenses de plants de betterave, mais les essais préalables des terres avaient été négligés, qu'en est-il résulté? que les cultures n'ont donné que des produits négatifs, parce que la nature du terrain ne conve-. nait pas à la *Production du sucre* dans la betterave.

Comme conséquence, MM. Lofficial et Ch. Giraud, qui malheureusement partageaient les idées agricoles de l'administrateur de la ferme de la Porte, ont dépensé beaucoup d'argent, et les élèves se sont éloignés de l'établissement parce que les produits des cultures étaient loin d'être rénumérateurs.

J'ai cité cet exemple pour démontrer la prudence qui doit toujours guider le cultivateur dans l'emploi des méthodes nouvelles.

J'ajouterai que, pour arriver au progrès en culture, il faut être bien pénétré de ce principe que *l'agriculture est l'art d'exploiter la terre pour en faire sortir des produits.*

Le fermier doit se considérer comme un industriel dont la principale préoccupation est de faire fortune par son travail et son intelligence, qui, en faisant bien ses propres affaires, contribue au bien de la société.

Or, l'industriel ne peut réaliser son rêve qu'en produisant beaucoup et au meilleur marché possible. Ainsi donc, pour que l'agriculteur arrive à la satisfaction de son intérêt personnel, qui est étroitement lié à la satisfaction de l'intérêt social, il faudra que sa production soit abondante et sa culture économique.

***

Toute l'habileté du cultivateur consistera à tenir constamment les yeux ouverts sur tous les moyens qui concourent à élever le niveau de la production, sur tous ceux qui contribuent à diminuer les dépenses de culture.

D'après ces principes, on doit donc entendre, par culture améliorante, l'opération qui consiste à augmenter les produits ou à diminuer les frais de la culture.

3° HORTICULTURE ET CULTURE MARAICHÈRE.

Dans un pays comme l'Anjou, un programme d'enseignement agricole ne serait pas complet s'il ne comprenait celui de l'horticulture.

D'un autre côté, la *Note sur l'organisation des Fermes-Écoles* prescrit l'enseignement horticole d'une manière toute spéciale. Les élèves se trouveront au Prieuré dans les meilleures conditions pour apprendre les principes et les pratiques horticoles, ils auront en effet la faveur spéciale d'être appelés à créer de toute pièce, et le jardin fruitier et le jardin potager, car rien de cela n'existe actuellement au Prieuré. Dans ce qui reste aujourd'hui du potager, quelques vieux poiriers témoignent seuls que dans ces terrains les arbres à fruits se développent bien et que l'on peut entreprendre leur culture avec succès. On devra créer une pépinière, afin d'avoir des sujets qui deviendront plus tard des arbres de produit.

Les élèves auront à choisir dans la pépinière les jeunes arbres qu'ils planteront et qu'ils pourront suivre dans la direction qui leur est donnée dès leurs premières années, pour arriver plus tard à former soit ces belles pyramides, soit ces fuseaux élégants, ou ces arbres de plein vent, qui peuplent les vergers ou bordent les champs de la ferme, et mûrissent les beaux fruits que tous les marchés de l'Europe nous envient.

Les jeunes gens pourront donc fructueusement s'exercer aux différentes pratiques horticoles qui sont usitées aujourd'hui.

La création du potager présente également une série d'études qui sont d'un grand intérêt. Les semis, le choix des porte-graines, les soins à donner aux jeunes plants, l'obtention des principaux légumes de primeurs, la grande culture productive d'exportation, telle que celles des fraises, des artichauts, des asperges, petits pois, etc., sont autant de questions aussi

attrayantes que nécessaires, qui entreront dans le programme d'enseignement du Chef jardinier.

Je proposerai également plus loin d'apprendre aux élèves la fabrication des châssis de jardin et leur vitrage, puis celle des paillassons et des
paniers.

Et en cela je ne sors pas des recommandations édictées dans les circu-
laires ministérielles :

Le règlement des fermes-écoles dit que *trois élèves* doivent toujours
être occupés aux travaux du jardin, afin d'obtenir *de bons jardiniers*, qui
manquent aujourd'hui dans la plupart des départements.

4° LES BOIS.

Vingt-huit hectares sont aménagés en bois. J'ai signalé au Conseil
général, dans mon premier rapport, le mauvais état de cette partie du
domaine et demandé qu'ils fussent abattus et ensuite défrichés.

Toutefois je faisais des réserves pour la Châtaigneraie, qui pousse des
gaulis superbes, et je demandais qu'un aménagement de cette nature fût
pratiqué sur une plus grande étendue.

Je n'ignore pas combien le défrichement est coûteux, et que dans un
établissement d'enseignement agricole il est essentiel d'avoir des bois,
surtout à une époque où le reboisement est l'objet de toute la sollicitude
des économistes agricoles

J'appellerai donc, monsieur le Préfet, l'attention du Conseil général sur
ce point que, l'état actuel des bois étant aussi mauvais que possible, il est
absolument nécessaire, urgent même, de procéder à leur reboisement, de
faire abattre les baliveaux qui s'élèvent dans les taillis, parce qu'ils nuisent
beaucoup plus qu'ils ne rapportent, que d'ailleurs le plus grand nombre
est arrêté dans sa croissance, et de faire planter au plutôt, dans tous les
espaces vides, *des Châtaigniers*.

J'émettrai également le vœu de voir défricher une partie *du bois de la
Gennetière*, parce que son emplacement convient merveilleusement à
l'installation du jardin fruitier et de la culture maraîchère. Trois hectares
de l'excellent sol sur lequel végète ce bois, d'une étendue de quatre
hectares et demi, suffiront complétement.

Dans le reste du bois (un hectare et demi), les élèves trouveraient un abri agréable, dans leurs moments de repos, contre les chaleurs de l'été.

5° OUVRAGES MANUELS SE RATTACHANT A L'AGRICULTURE.

J'ignore complétement si dans le programme d'une ferme-école on peut faire entrer l'enseignement de la tonnellerie, de la fabrication des paniers et des paillassons pour abriter les serres et les chassis. Mais je crois que ce serait rendre service aux jeunes agriculteurs de les diriger dans cette voie, parce que rentrés chez eux il leur sera économique de faire fabriquer sous leurs yeux les paillassons dont ils auront besoin pour faire des abris.

De même pour les nombreux paniers dont un jardinier maraîcher a besoin pour transporter commodément ses produits au marché ; accoutumé à la Ferme-École à travailler l'osier et à le transformer en paniers élégants, le jeune agriculteur trouvera, rentré chez lui, l'emploi utile de son temps, soit pendant les longues journées de pluie, soit pendant les veillées de l'hiver.

Quant à la tonnellerie, dans notre pays producteur de vin, il est nécessaire de chercher à y développer cette industrie, parce que, il faut bien en convenir, nous n'avons que de mauvaises barriques en Anjou ; leur construction laisse tellement à désirer qu'elles ne peuvent supporter un long transport.

La mauvaise qualité de nos futailles nuit essentiellement à la vente et au transport de nos vins, elle nuit encore à leur bonne conservation. L'honorable M. Drouard, président de la Société d'horticulture d'Angers, a tout dernièrement démontré dans une série d'articles instructifs la vérité de ces faits.

Je ne parle pas ici de l'économie qu'aurait le fermier à fabriquer lui-même ses barriques, je me suis occupé avec attention de cette question, et je crois pouvoir dire qu'un vigneron qui fabriquerait en bon merrain de chêne, les barriques nécessaires à enfutailler sa récolte, réaliserait facilement une économie de 50 %.

Toutes ces raisons doivent donc, Monsieur le Préfet, militer en faveur de l'enseignement au Prieuré, des ouvrages manuels se rattachant à l'agriculture.

VI. — Emplacement de l'École pratique et bâtiments nécessaires.

J'ai choisi comme les plus propres à l'installation des bâtiments de l'École Pratique les terrains inscrits au cadastre de la commune de Saint-Georges-des-Sept-Voies sous les numéros 1592, 1592 bis, 1593, 1594, 1595, 1596, 1597, 1598, 1599, qui représentent les bâtiments d'habitation, servitudes et jardins réservés par madame la comtesse de Caen, plus les bâtiments de la ferme du Prieuré, les cours et terrains vagues qui en dépendent. Ce groupe de terrain entouré de quatre chemins est d'un abord facile. L'exploitation étant réunie dans un seul milieu, le directeur aura toujours le moyen d'exercer un contrôle efficace.

Sa surface est d'un peu plus de deux hectares.

En traçant dans ce terrain un parallélogramme dont l'un des petits côtés sera la maison actuelle du Prieuré, on trouvera facilement la place de construire à droite sur l'un des grands côtés du parallélogramme, les bâtiments proprement dits de l'École, et sur l'autre grand côté à gauche les celliers, pressoirs, etc., ainsi que les étables : puisque le terrain que j'indique a de la maison du Prieuré au fossé qui borde la route de Doué 131 mètres de long et dans toute sa longueur, y compris le jardin placé devant le Prieuré, 183 mètres; considéré dans le sens de sa largeur, il mesure du chemin de la Blotière à la route d'Angers à Doué, 166 mètres.

J'avais tout d'abord eu l'idée de présenter au Conseil général un plan où tous les bâtiments auraient été rangés sur les grands côtés du parallélogramme, mais cette disposition rendait la surveillance difficile parce que la ligne de construction était trop longue.

Sur l'avis de M. l'Inpecteur général Malo, tout en conservant le principe du parallélogramme, j'ai adopté la disposition des bâtiments en éventail, ainsi que l'on pourra en juger d'après le croquis du plan que je joins à ce travail.

Cette disposition des bâtiments offre les avantages suivants :

La surveillance est rendue plus générale et plus facile, le terrain est économisé puisqu'ainsi que l'on peut s'en rendre compte, il reste en dehors des constructions de grandes et vastes cours qui permettront de doubler les bâtiments si cela est nécessaire dans l'avenir et qui, en attendant, seront plantées d'arbres fruitiers à haute tige. Enfin, les bâtiments de l'école, des pressoirs, des étables, sont dans une orientation convenable et sont protégés des vents d'ouest par les bois de la Gennetière dont au paragraphe V j'ai demandé de conserver 1 hectare 1/2.

Dans la disposition en éventail, il faut aussi considérer la diminution du danger de la combustion générale de l'établissement en cas d'incendie, en raison de l'isolement des bâtiments, considération dont il faut tenir compte dans un pays relativement éloigné de tout cours d'eau, et où en cas d'accident, on aura pour seule ressource les puits et réservoirs de la Ferme École.

L'adoption de ce terrain a encore l'avantage de ne pas réduire la quantité disponible des terres à mettre en culture. De plus, il est au centre même de la propriété. En effet, devant le Prieuré se déroule la pièce des Devants d'une étendue d'au moins 15 hectares, sans haies, sans fossés, bordée seulement par des chemins qui en rendent l'exploitation facile, c'est là dans ces terres de première qualité que devront s'exercer les jeunes adeptes à la culture intensive et améliorante.

Derrière, à l'extrémité de l'enclos, s'élèvent les 28 hectares de bois.

Un peu sur la gauche, on voit en partie les terres de Gaudray, l'autre ferme du Domaine; on peut donc avec raison dire que c'est bien là le centre de la propriété.

Mais en dehors de toutes les considérations que je viens d'exposer, il en est une autre qui les prime toutes.

Placer les bâtiments de l'exploitation agricole, en dehors de l'enclos réservé du Prieuré, c'est en quelque sorte aller contre le vœu, l'intention de madame la comtesse de Caen et l'on en trouve la preuve dans le bâtiment qu'elle avait fait construire et où elle aurait donné aux jeunes gens du canton de Gennes, qui auraient répondu à son appel, l'instruction agricole; si sa vie n'avait finie avant qu'elle n'ait eu le temps d'accomplir ses projets.

Perdre de vue et oublier les intentions, je dirai mieux les désirs de madame la comtesse de Caen serait regrettable; c'est pourquoi, Monsieur le Préfet, je vous demanderai d'appeler l'attention du Conseil général sur les réflexions que le choix d'un terrain vient de me suggérer.

VII. — Nomenclature des bâtiments nécessaires à l'exploitation de la Ferme-École du Prieuré et leur disposition.

Les bâtiments qui doivent comprendre l'ensemble de l'École pratique du Prieuré, sont :

1° Maison du Directeur (ancienne habitation de Mme de Caen) :

Quatre pièces au rez-de-chaussée;
Quatre pièces au premier étage.

2° Bâtiment de l'École proprement dite, comprenant :

A. *Rez-de-chaussée :*

Bibliothèque et collections;
Salle de cours, étude;
Laboratoire;
Escalier;
Salle des jeux;
Réfectoire;
Cuisine, office;
Bûcher, buanderie, boulangerie.

B. *Premier étage :*

Bureau du Comptable;
Chambre à coucher du Surveillant;
Dortoir pour vingt-cinq lits;
Lingerie;
Infirmerie, pharmacie;
Refuge.

C. *Mansardes :*

Chambres pour le personnel;
Greniers;
Séchoirs, Fruiterie.

3° Tonnellerie, cuverie, pressoirs, celliers;
4° Grange pour céréales et manége à battre;

5° Etable pour quatre taureaux et quinze vaches,

6° Ecurie pour quatre chevaux et bouverie pour douze bœufs ;

7° Laiterie. Ateliers : forge, menuiserie et vannerie.

8° Lieux d'aisance;

9° Hangar pour remiser les charrettes et les instruments d'agriculture; chambre pour les harnais ;

10° Porcherie avec cuisine et cour ;

11° Poulailler avec cour;

12° Quatre silos de sept mètres sur cinq.

OBSERVATIONS. — 1° Dans les étables, on placera les animaux sur deux rangs, la tête tournée au mur, les vaches et les bœufs, deux par stalle.

Les taureaux seront seul à seul dans leur stalle.

Un trottoir, muni d'une rigole, qui permettra aux urines de se rendre dans la fosse au purin, séparera les rangs des animaux.

2° Dans les étables l'on ménagera des places pour le lit des gardiens de nuit.

3° Dans chaque étable, il y aura un espace réservé pour déposer la nourriture de la journée.

4° Toutes les étables communiqueront ensemble, au moyen de portes qui, fermées, les rendront indépendantes les unes des autres.

5° Les greniers situés au-dessus des étables seront aménagés pour recevoir les fourrages secs.

6° Les celliers, pressoirs, cuverie et tonnellerie, seront sur le même plan, de manière que le service soit facile à accomplir.

7° Les greniers placés au-dessus des celliers seront carrelés, et pourront recevoir les récoltes de céréales. Ceux situés au-dessus des pressoirs, cuverie et tonnellerie, seront parquetés, et recevront les réserves de barriques vides et autres appareils vinaires.

8° Dans la chambre de tonnellerie, on installera un fourneau pour faciliter le lavage des barriques.

VIII. — Admission des élèves.

Les candidats qui voudront participer aux études de l'École pratique devront être âgés de 16 ans au moins et de 21 ans au plus au moment des examens qui auront lieu chaque année pour le concours d'admission (Loi des Fermes-Écoles).

La durée des cours sera de trois ans. A la fin de chaque année aura lieu un examen général qui servira à établir :

1° Le classement des élèves par ordre de mérite ;

2° Leur maintien dans l'année d'étude qu'ils viennent de suivre, ou leur promotion à une division supérieure ;

3° La désignation de ceux qui, après les trois années d'études, auront droit à un *certificat d'instruction,* certificat qui leur permettra de profiter :

A. Des avantages réservés par M. le Ministre de l'Agriculture et du Commerce aux élèves lauréats des Écoles d'agriculture ;

B. De toucher l'allocation de deux cents francs, prévue dans le testament de Mme la comtesse de Caen.

4° Vingt-quatre élèves pris dans *le canton de Gennes,* seront admis à l'École à titre gratuit mais par voie de concours.

(Condition du Testament de Mme de Caen).

Le nombre de vingt-quatre, est obligatoire d'après le paragraphe II *de la note sur l'organisation des Fermes-Écoles.*

5° Si le canton de Gennes ne peut fournir les vingt-quatre élèves, le Directeur aura le droit de compléter le Contingent en faisant appel aux jeunes gens du Département.

6° Dans le cas où le Département et le canton de Gennes ne pourraient donner le nombre suffisant d'élèves, le directeur pourrait le compléter en dehors du département.

7° Dans tous les cas, les élèves, bénéficieront toujours du principe de gratuité.

8° Un concours pour l'admission des élèves titulaires à l'École Pratique du Prieuré aura lieu tous les ans à une époque déterminée par M. le Ministre de l'Agriculture.

9° Le concours se composera : d'une épreuve écrite qui sera une dictée, et d'une épreuve orale, qui roulera sur les éléments de l'Instruction primaire, c'est-à-dire, la lecture, la grammaire et le calcul. On tiendra compte, pour le classement des élèves, de leur aptitude aux travaux des champs, et de leur destination antérieure.

10° Les candidats feront parvenir entre les mains du directeur de l'École Pratique, dix jours au moins avant la date fixée pour les examens :

A. La demande écrite de leurs parents sur papier timbré ;

B. Leur acte de naissance ;

C. Un certificat constatant qu'ils ont été vaccinés ou qu'ils ont eu la petite vérole ;

D. L'engagement souscrit par les candidats et garanti par leurs parents de rester trois ans à l'École Pratique, ou de rembourser au Directeur la somme de 270 fr. par an. Les signatures apposées sur ces pièces devront être légalisées. (Note des Fermes-Écoles.)

11° La rentrée pour les nouveaux élèves est fixée au jour même de leur admission.

12° En venant à l'École pratique, les élèves apporteront un trousseau, qui devra être en bon état, pour que l'établissement en prenne l'entretien à sa charge.

13° Les jeunes gens de tout âge qui désireront se former à la pratique agricole avant de se livrer à la culture de leur domaine, seront reçus à l'École Pratique avec le titre d'élèves stagiaires. Ils recevront des leçons spéciales, auront un régime à part, et paieront une pension de 1,000 fr. par an.

IX. — Réglement de discipline intérieure.

1° Les élèves doivent obéissance et respect au Directeur, et aux divers chefs de service.

2° L'année scolaire est divisée en deux semestres. Celui d'hiver commencera au 1ᵉʳ octobre et finira au 31 mars. Le semestre d'été, commencera le 1ᵉʳ avril et finira le 30 septembre.

3° Pendant le premier semestre le lever des élèves aura lieu à 5 heures du matin, et à 4 heures du matin pendant le deuxième semestre. Pour toute l'année, le coucher aura lieu à 9 heures du soir.

4° Pendant l'hiver cinq heures par jour seront consacrées à l'étude ; l'été, il y aura seulement deux études d'une heure chacune.

Le reste du temps sera employé aux travaux agricoles et manuels.

5° Pendant le semestre d'hiver, les cours et conférences seront faits dans la salle des cours ; pendant l'été, les conférences pratiques auront lieu autant que possible sur place dans les cultures.

6° En hiver les élèves feront trois repas par jour, et quatre en été.

7° Les élèves devront exécuter tous les travaux agricoles et manuels qui relèvent de l'exploitation de la ferme.

8° Ils seront obligés à tour de rôle de faire le service des étables tant le jour que la nuit.

9° Ils ne pourront s'absenter de l'Établissement sans une permission spéciale du Directeur.

10° Toute communication, les cas de service exceptés, est interdite entre les élèves et les agents de l'établissement.

11° Il est défendu aux élèves d'introduire dans l'école ni aliments, ni boissons, ni liqueurs.

12° Il est défendu aux élèves de fumer dans l'intérieur de l'établissement.

13° Les livres dont l'usage n'aura pas été formellement autorisé sont interdits.

14° Le silence le plus absolu sera observé par les élèves au dortoir.

15° Les élèves seront tenus d'assister, matin et soir, à la prière qui sera faite en commun.

16° Les élèves devront assister à la messe, les dimanches et jours de fête.

17° Les élèves se devront entre eux aide et protection.

18° Les élèves dans leur service, ne devront en aucun cas, se rendre coupables de sévices, ou d'actes de brutalité envers les animaux confiés à leurs soins.

19° Tous les dimanches, avant la messe, le Directeur fera une inspection générale de l'école. Les élèves seront passés en revue, sous le rapport de la tenue, de l'ordre et de la propreté.

20° Le travail agricole pratique et la bonne conduite seront récompensés par des bons points qui entreront dans l'appréciation des droits aux primes d'encouragement.

21° Les récompenses suivantes pourront être accordées par le Directeur sur la proposition du surveillant-comptable :

A. Une sortie de 1 heure à 6 heures du soir ;

B. Un jour de congé de 5 heures du matin à 9 heures du soir ;

C. De cinq à dix jours de vacances.

22° Toute contravention aux articles du Règlement sera punie : 1° de la réprimande particulière ; 2° de la réprimande publique ; 3° de la suppression des récompenses ; 4° de l'exclusion de l'Établissement ;

23° Tous les ans aura lieu une distribution de prix à la fin de chaque nnée scolaire. (Condition du testament de madame la comtesse de Caen.)

X. — Conseil de Surveillance.

Un Conseil de surveillance et de perfectionnement inspectera chaque année l'École d'Agriculture ; il veillera sur l'influence moralisatrice du Directeur et sur l'application fidèle du programme d'enseignement dressé tous les ans par lui et soumis à l'approbation du Ministre de l'Agriculture.

Chaque année, par les soins du Conseil, un rapport sera adressé à l'Assemblée départementale sur la situation de l'École.

Le Conseil de Surveillance et de perfectionnement sera composé ainsi qu'il suit :

1° M. le Préfet du département ;

2° L'Inspecteur général d'agriculture de la région ;

3° Le Conseiller général du Canton de Gennes ;

4° Deux autres Conseillers généraux de l'arrondissement de Saumur ;

5° Du Président de la Société industrielle et Agricole d'Angers ;

6° Deux propriétaires agriculteurs ;

7° Un professeur de sciences attaché à un établissement d'instruction publique du département.

(Loi du 30 juillet 1875.)

XI. — Conditions du traité à intervenir entre le département et le Directeur de l'École Pratique du Prieuré.

Une seule forme de contrat me semble pouvoir être proposée au Conseil général. Je vais l'exposer sommairement :

PROJET DE CONTRAT.

Le département abandonnerait au Directeur de l'École Pratique pendant 25 années consécutives :

A. Les revenus du Prieuré, tels qu'ils sont actuellement et tels qu'ils deviendront dans l'avenir.

B. L'annuité versée tous les ans au département par le syndicat de la succession de Madame de Caen ;

A la charge par le Directeur :

C. De faire construire, installer à ses risques et périls, tous les bâtiments et le matériel nécessaires à l'agencement et à l'exploitation de l'École Pratique ; ceci dans un temps déterminé entre l'Administration et le Directeur, et suivant un plan arrêté d'un commun accord.

D. Les appointements, logement du personnel enseignant, nourriture des élèves seraient à la charge du Directeur.

E. Dans le cas, où le Directeur par sa mauvaise gestion, compromettrait le succès de la Ferme du Prieuré, son contrat serait résilié de droit.

F. Si le Directeur de la Ferme-École venait à décéder au courant de sa gestion, le matériel agricole, les animaux, le mobilier de l'École et de la Ferme resteraient la propriété du Département.

Ce genre de contrat, donne à mon avis toute garantie au Conseil général. En effet, si les revenus, c'est-à-dire les bénéfices réalisés sur le domaine, deviennent la propriété du Directeur, mieux il dirigera ses cultures, plus il nourrira d'animaux, plus son gain augmentera ; il est donc essentiellement intéressé à bien faire. Première garantie pour le département.

La *note sur l'organisation des Fermes-Écoles*, impose au Directeur les obligations suivantes :

1° De tenir une comptabilité régulière, autant que possible en partie double et constamment à jour.

2° De soumettre sans déplacement ses livres de comptabilité à l'examen des agents de l'Administration.

3° D'envoyer dans les deux premiers mois de chaque année, au Ministre, par l'intermédiaire du Préfet, un état de situation pour l'exercice écoulé de chacun de ses comptes. L'inventaire annuel est de rigueur, et devra être joint à l'État ci-dessus.

4° D'envoyer dans les dix premiers jours de chaque mois, au Ministre, un bulletin relatif aux travaux de l'Exploitation et à la tenue de l'École.

5° En outre le Directeur, devra chaque année obtenir du domaine, après le laps de temps jugé nécessaire pour qu'il soit en *roulement normal,* un produit net, égal au moins au produit fourni par les autres exploitations de la même région. Si au-delà de ce délai, il résultait de l'Inventaire que l'Exploitation est dans un état d'infériorité..., le concours du Gouvernement lui serait retiré.

Ces conditions rigoureusement requises par le Ministre, constituent une nouvelle garantie pour le département. Car si l'État retire son concours au Directeur d'un établissement départemental, tout engagement pris par le Conseil général avec le Directeur de cet établissement tombe de fait. Et pour que le concours de l'État lui soit retiré, il faudra qu'il n'ait pas rempli les conditions de son contrat.

Peut-être m'objectera-t-on que la durée de vingt-cinq années, inscrite en tête du projet de contrat, engage le Conseil général pour trop longtemps.

D'abord, si le directeur nommé remplit fidèlement les conditions de son traité, cette longue suite d'années ne constitue pas une charge pour le département, car le Conseil général ne peut que souhaiter le succès de son entreprise.

Si, au contraire, le contrat n'est pas exécuté par le directeur, la charge ne subsiste pas davantage, puisque le traité est annulé de plein droit.

Mais j'aborde un autre ordre de considération, et je vais essayer de prouver qu'un contrat de vingt-cinq ans n'est pas de trop longue durée :

Depuis de longues années, les terres du Prieuré sont, autant vaut le dire tout de suite, privées d'engrais ; les fermiers, sur lesquels aucune surveillance n'est exercée, n'entretiennent à l'étable qu'un petit nombre d'animaux, ils ne font pas assez de fumier pour amender convenablement les terres qu'ils tiennent à bail.

Ils ont fait rendre à ces terres tout ce qu'il était possible d'en tirer, mes renseignements personnels me permettent d'avancer ce que je dis. Au surplus, il suffit de prendre un brin de chaume dans les champs du Prieuré ou de Gaudray pour voir qu'il a poussé dans des terres épuisées. Il faudra donc de longues années pour remettre le Domaine en état de donner des récoltes rémunératrices.

D'un autre côté, un important vignoble est à planter, il ne sera en plein rapport qu'au bout de huit à dix ans. Pendant tout ce temps, les dépenses, les installations se succèderont sans discontinuer. Si des vingt-cinq années demandées dans le projet de contrat, nous retirons les huit ou dix années nécessaires pour à arriver à un roulement normal, pour me servir de l'expression de la *Note sur les Fermes-Écoles*, on verra que ma proposition rentre dans les conditions de durée d'un bail ordinaire.

Je crois avoir suffisamment démontré la raison des clauses que j'ai inscrites en tête de ce projet, je ne m'étendrai donc pas davantage sur ce sujet.

X. Projet de restauration de la ferme de Gaudray.

Il n'y a pas lieu de vous présenter, Monsieur le Préfet, un projet de restauration de la ferme de Gaudray, parce que j'estime que les bâtiments sont dans un état tel, qu'avec quelques réparations seulement ils pourront être utilisés à l'installation d'une bergerie, qui ne pourra jamais être bien nombreuse; le logement du fermier pourra lui-même servir à recevoir le maître-valet de l'École pratique du Prieuré.

Du reste, monsieur le Préfet, j'ai eu tout dernièrement l'occasion de visiter la ferme de Gaudray, en compagnie de l'honorable M. Grignon, et il a été convenu entre nous que je vous formulerais, dans ce travail, la proposition que je viens d'avoir l'honneur de vous soumettre.

CONCLUSIONS.

Au paragraphe 2 j'ai eu l'honneur de vous exposer M. le Préfet les attributions du personnel enseignant dans une Ferme-École, en m'appuyant pour vous fixer les émoluments de chacun, sur la Circulaire Ministérielle de 1869.

J'ai supposé nécessairement dans la nomenclature du personnel, et dans celle des constructions, une Ferme-École arrivée au *Summum* de son développement.

Mais je ne conseillerais pas de débuter au Prieuré, avec un personnel aussi complet que celui que j'ai indiqué. Le directeur, accompagné *d'un chef de Pratique* et du surveillant comptable, doivent suffire à tous les besoins de l'Établissement projeté.

Le séjour des élèves à l'École Pratique devant être de trois ans, nécessairement le recrutement se fera par huit tous les ans, par conséquent le personnel devra lui-même suivre le mouvement proportionnel des élèves, c'est-à-dire augmenter avec eux.

Évidemmcnt les jeunes gens ne seront pas assez nombreux les premières années pour accomplir tous les travaux de la Ferme, mais je crois qu'il vaudra mieux dans les besoins pressants, faire appel *aux journaliers* du pays, pour me servir de l'expression locale, que de se lier tout de suite, avec un personnel nombreux, onéreux et difficile à se procurer.

Pour la construction des bâtiments nécessaires à l'exploitation (parag. 7) je ferai les mêmes réflexions. Les nombreux et importants bâtiments dont j'ai donné la nomenclature, ne devront être construits qu'au fur et mesure du besoin.

Avant que les terres du prieuré ne soient remises au moyen des engrais, et de cultures intelligentes de l'état d'épuisement dans lequel elles se trouvent en ce moment, il faudra attendre trois ou quatre années. Des étables pouvant recevoir le nombre d'animaux que j'ai prévu, n'auront besoin de n'être construites qu'à cette époque.

Les vignes, ne commenceront elles aussi à donner des produits réels qu'à leur quatrième ou cinquième feuille; à ce moment seulement on pourra entreprendre ces importantes constructions désignées sous les noms de celliers, cuverie, etc., et d'ici là, les bâtiments qui existent actuelletant sur le prieuré, que sur la Ferme de Gaudray, peuvent avec quelques réparations très-nécessaires, surtout au Prieuré, parfaitement convenir et suffire aux débuts de l'École Pratique.

Je conclus donc, Monsieur le Préfet, à ce qu'il vous plaise de demander au Conseil général d'ordonner l'installation immédiate de l'École Pratique dans les bâtiments actuels du Domaine départemental : et de prendre tous les moyens nécessaires pour en assurer le fonctionnement rapide et régulier, vous ayant démontré au courant de ce travail, l'abandon dans lequel se trouve cette propriété devenue aujourd'hui Domaine départemental et la nécessité qu'il y a de faire cesser au plutôt cet état de chose.

Je viens d'étudier, Monsieur le Préfet, les diverses propositions, sur lesquelles le Conseil général voulait avoir un rapport détaillé.

Vous avez bien voulu, me confier le soin de faire ce travail, destiné du reste à compléter, le projet d'établissement d'une École Pratique d'agriculture au Prieuré de Saint-Georges-des-Sept-Voies. Je vous en remercie, Monsieur le Préfet, et j'espère que le Conseil général, ayant à sa disposition les renseignements qu'ils souhaitait, n'hésitera plus *à décider la fondation de l'École du Prieuré.*

Recevez, Monsieur le Préfet, l'expression de mes sentiments les plus respectueux.

A. BOUCHARD

Secrétaire de la Société Industrielle et Agricole.

Professeur de Chimie agricole à l'École d'horticulture d'Angers.

Angers, imp. E. Barassé. — Germain et G. Grassin, succ. — 1275 77.

www.ingramcontent.com/pod-product-compliance
Lightning Source LLC
LaVergne TN
LVHW012324050726
842524LV00004B/1595